기도의 본

네비게이토 선교회는
국제적이며 복음적인 기독교 기관이다.
예수 그리스도께서는 자기를 따르는 자들에게
"너희는 가서 모든 족속으로 제자를 삼으라"
(마태복음 28:19)는 지상사명을 주셨다.
네비게이토 선교회는 세계 모든 국가에서
예수 그리스도의 일꾼들을 배가시켜
이 지상사명의 성취를 돕는 것을
근본 목표로 하고 있다.

네비게이토 출판사는
네비게이토 선교회의 문서 선교를 담당하고 있다.
본 출판사에서는 그리스도인의 영적 성장을 돕는
서적과 자료들을 출판하여,
그리스도인의 삶의 기초가 견고한
헌신된 제자로 성장하게 하고,
나아가 성숙한 인격과 지도력을 갖춘
일꾼이 되도록 돕고 있다.

기도의 본

A PATTERN OF PRAYER

워렌 & 룻 마이어즈

Warren & Ruth Myers

TO KNOW CHRIST AND TO MAKE HIM KNOWN

차 례

저자 소개 ····································· 7

기도의 본 ····································· 9

하나님의 이름, 하나님의 나라, 하나님의 뜻 ··········· 11

일용할 양식 ································· 27

우리 죄를 사하여 주옵시고 ····················· 35

우리를 구하옵소서 ···························· 45

나라와 권세와 영광이 ························· 55

묵상과 적용 ································· 65

저자 소개

저자인 워렌과 룻 마이어즈 부부는 선교사로서 주님의 복음을 위하여 평생을 바쳤습니다. 그들은 주로 아시아에서 그리스도의 제자를 삼고 일꾼을 배가함으로 그리스도의 지상사명을 성취하는 일에 헌신하였습니다.

남편인 워렌은 제2차 세계대전이 끝나기 직전 미국 육군항공대에서 복무하던 중 예수 그리스도를 개인의 구세주로 영접하였습니다. 전쟁이 끝나고 대학에서 네비게이토 성경공부에 참석하면서 영적으로 성장하였고, 해외 선교사로서 주님을 섬기기로 헌신하였습니다. 그는 1952년 선교사로 아시아에 파송되어, 일생의 대부분을 홍콩, 인도, 베트남 등에서 주님을 섬기다가

2001년 주님께로 돌아갔습니다.

아내인 룻은 10세 때 어머니의 인도로 예수님을 개인의 구세주로 영접한 후, 16세 때 하나님께서 원하시면 무엇이든지, 그것이 해외에 선교사로 나가는 것일지라도, 기꺼이 순종하겠다고 헌신하였습니다. 룻은 남편과 함께 아시아에서 그리스도의 제자를 삼고 일꾼을 배가하는 일에 헌신하였으며, 2010년에 주님께로 갔습니다.

저자 부부는 본서 외에도 여러 책을 저술했습니다.

이 소책자는 저자의 저서인 '효과적인 기도'(네비게이토 출판사 간)에서 발췌한 것입니다.

기도의 본

기도는 자녀인 우리가 하나님 아버지를 만나는 것입니다.

우리를 사랑하셔서 예수님의 피 값으로 사서 자녀를 삼으신 우리 하나님 아버지께서는 우리에 대한 생각이 떠날 날이 없습니다. 그래서 단 몇 분이든 몇 시간이든 상관없이, 자신에게 나아와 마음을 나누는 교제를 나눌 때 매우 기뻐하십니다. 하나님께서는 자녀들에게 선물을 아낌없이 내리시고 모든 필요를 채워 주시기를 간절히 원하시는 아버지이십니다.

우리의 필요를 위해 하나님 아버지께 나아가면 우리의 필요만 채움받는 것이 아닙니다. 우리 성품도 변화

합니다. 기도로 하나님과 긴밀히 교제하는 가운데 달이 가고 해가 바뀔 때 하나님께서는 우리의 생각과 태도와 행동을 변화시키십니다. 이런 유익들은 기도 응답들과 합쳐져서 기도의 즐거움을 한층 더해 줍니다.

기도가 이토록 중요한 축복의 통로이기에 예수님께서는 복음서에서 기도에 관해 백여 가지의 모본, 교훈 및 권면을 주셨습니다. 그중에 대표적인 것이 주기도입니다. 이 주기도는 제자들이 예수님께 기도를 가르쳐 달라고 요청했을 때 기도의 본으로서 주신 것입니다.

본서에서는 예수님께서 가르쳐 주신 훌륭한 기도의 본인 주기도를 분석하고, 어떻게 그 핵심 주제를 우리 기도에 활용할 수 있는지를 자세히 살펴보겠습니다.

확신하건대, 주기도를 잘 이해하여 그 교훈을 기도에 적용할 때 누구나 하나님 뜻에 맞는 기도, 균형 잡힌 기도를 함으로 풍성한 기도 생활을 경험하게 될 것입니다. 자, 이제 주기도의 중심 내용을 자세히 살펴보겠습니다.

하나님의 이름, 하나님의 나라, 하나님의 뜻

누가복음 11장에서 예수님은 제자들에게 간단하지만 의미심장한 기도의 본을 제시해 주셨습니다. 마태는 이것을 좀 더 충실히 적고 있습니다.

하늘에 계신 우리 아버지여,
이름이 거룩히 여김을 받으시오며,
나라이 임하옵시며,
뜻이 하늘에서 이룬 것같이
땅에서도 이루어지이다.
오늘날 우리에게 일용할 양식을 주옵시고,
우리가 우리에게 죄지은 자를 사하여 준 것같이

우리 죄를 사하여 주옵시고,

우리를 시험에 들게 하지 마옵시고,

다만 악에서 구하옵소서.

나라와 권세와 영광이 아버지께 영원히 있사옵나이다.

아멘.

(마태복음 6:9-13)

그 주된 가르침과 그 안에 오묘하게 함축되어 있는 많은 의미들을 통해, 이 기도는 우리의 일상적인 기도를 위한 온갖 교훈들을 가르쳐 주고 있습니다. 그것은 하나의 본, 즉 자신의 생각과 기도 제목들을 끼워 넣을 수 있는 하나의 지침이 되고 있습니다. 본서의 각 장을 읽어 나갈 때, 당신이 하나님과 개인적으로 만나는 시간에 사용하고 싶은 아이디어나 내용들에는 표시를 해두십시오. 이 기도의 처음 세 기도 제목은 기도의 주된 목적, 곧 하나님을 영화롭게 하는 데 초점을 맞추고 있습니다. 지속적이고 효과적인 기도는 오직 하나님의 이름을 영화롭게 하고, 하나님의 나라를 확장시키며, 하나님의 뜻을 행하기 원하는 마음으로부터 흘러나오는 것입니다.

하늘에 계신 우리 아버지여

예수님께서는 자기를 따르는 자들에게 '우리 아버지'라는 말로 기도를 시작하라고 가르치십니다. 우리는 그리스도를 믿음으로써 하나님의 가족의 한 사람으로 태어났으므로 우리가 기도 중에 나아가는 하나님은 진실로 우리 아버지이시며, 우리 목소리를 간절히 듣고 싶어 하십니다. 우리는 어린아이가 "아빠"라고 부르듯이 따뜻한 가족적 분위기 속에서 하나님을 "아버지"라고 부를 수 있습니다. 우리는 무서운 주인 앞에서 굽실거리는 종처럼 나아가는 것이 아니라, 하나님의 친자녀로, 하나님의 친근한 가족의 일원으로 그 앞에 나아가는 것입니다. "여러분은 자신 있게 '아버지, 나의 아버지'라고 부를 수 있습니다"(로마서 8:15, 필립스 역).

당신은 '우리 아버지'에게 나아갈 때 그분이 어떤 아버지이신지 알고 있습니까? 하나님께서는 자기 일에만 푹 빠져 자녀들에게는 거의 시간을 내어 주지 않는, 이른바 생활비만 벌어들이는 그런 아버지가 아닙니다. 자기 마음에 들지 않는다고 우리를 버릴지도 모르는 그런 아버지도 아닙니다. 또한 어떠한 응석도 다 받아 주고 우리 마음대로 자기를 조종하도록 내버려 두는 그런 아버지도 아닙니다. 그분은 나약하거나 수동적이며 결단을 내릴 줄 모르는 분도 아닙니다. 자신의 권위를 내세워 자녀들의 개성을 무시하거나 자녀들이 그들 다룰 수 있는 권리를 빼앗아 가지도 않으십니다.

우리가 만나고 있는 하나님은 강하고 지혜로우신 아버지로서, 그분께 복종함으로써만 우리가 그분이 뜻하신 바대로의 사람이 된다는 것을 아시는 분입니다. 하나님께서는 우리의 안전을 위한 지침과 한계를 정해 주십니다. 그러나 강제로 그것들을 따르게 하시지 않고 다만 우리가 그렇게 하길 기대하시며, 우리가 따르지 않으면 훈육하십니다. 우리 멋대로 자기 길을 고집하면 그 결과들을 보고 배우게 하시며 자신의 보고(寶庫)를 여는 열쇠를 도로 가져가십니다. 우리로 주님의 주재권에 굴복하고 그분의 선한 계획을 따르도록 하기 위함입니다.

우리 아버지는 우리 머리카락 숫자를 헤아리고 계시며 우리의 모든 눈물을 다 보고 계십니다. 그분의 가슴은 우리를 위하여, 바닷가의 모래알보다도 더 많은 선한 생각들로 가득 차 있습니다. 하나님 아버지께서는 언제나 우리를 도와주고자 하시며, 언제나 우리 기도를 들어주십니다. 언제나 한결같은 사랑으로 우리를 사랑하시며, '날 귀찮게 하지 마'라는 식의 태도로 우리를 대하시지 않으십니다. 또 여행을 떠나 자리를 비우시는 경우도 결코 없습니다. 사랑과 포용력이 한이 없으신 하나님께서는 우리가 생각할 수 있는 가장 이상적인 아버지보다도 더 뛰어나신 분입니다. A. W. 토저는 이렇게 썼습니다.

하나님을 올바로 이해하지 못함으로써 불행이 시작됩니다.… 그리스도인의 생활은 많은 것을 요구하면서도 전혀 용서를 모르는 엄한 아버지의 감시 밑에서 따분하고 무거운 십자가를 지고 가는 것으로 생각되기도 합니다. 그러나 사실은 하나님이야말로 만유 중 가장 매력 있는 분이시며 그분의 봉사는 우리에게 이루 형용할 수 없는 즐거움을 안겨 줍니다. 그분은 우리 자신을 위하여 우리를 사랑하시며 우리 사랑을 그 어떤 것보다도 더 가치 있게 여기십니다.

다정하신 우리 하나님께서는 또한 위대하시고 두려우신 우주의 주재이심을 기억하면서, 우리는 친밀함과 존경심의 균형을 맞추어야 합니다. 우리는 사랑스런 자녀일 뿐만 아니라 미천하고 의존적 존재들입니다. 하나님의 허락 없이는 숨 한 번도 쉴 수 없습니다. 또 그리스도의 희생을 통하여 우리의 모든 도덕적 오점들이 깨끗하게 되지 않는다면, 우리는 하나님의 절대적인 순결 앞에서 두려움으로 인해 몸을 움츠릴 수밖에 없습니다. 그러나 그분은 우리가 자기를 "아버지"라 부르며 담대하게 나아오도록 부르십니다.

우리는 감사하는 마음과 그분을 필요로 한다는 것을 나타냄으로써 우리 아버지의 마음에 기쁨을 안겨 드릴 수 있습니다. 다음과 같이 기도하며 하나님께 경배드리십시오.

주 하나님 아버지, 풍성한 사랑을 제게 쏟아 주사 저를 주님의 자녀로 삼아 주셔서 감사드립니다. 주님을 사랑합니다. 주님께서는 강하시되 또한 온유하시고 다정하신 것에 대해 깊이 감사드립니다. 주님께서는 지극히 존귀한 분이면서도 친히 저와 함께해 주십니다. 또 기꺼이 지침들을 주시고 순종을 기대하시니 감사드립니다. 온 우주의 위대하시고 위엄이 넘치시는 통치자이신 주님 앞에 엎드려 고백합니다. 주님에 비할 때 저는 너무나 나약하고 하찮은 존재이며, 저는 주님의 선하심과 인자하심을 의지하여 살아가며, 주님의 영광에 비하여 저는 너무나 초라합니다. 또한 언제나 저를 용서하시고 따뜻하게 맞아 주시는 주님, 제가 얼마나 주님께 감사드리고 있는지 모릅니다.

이름이 거룩히 여김을 받으시오며

'(하나님의) 이름이 거룩히 여김을 받으시오며'는 일곱 가지 간구 중 첫 번째로 나오는 것입니다. "그렇지만 그분의 이름은 영원히 거룩하지 않습니까?" 하고 의문을 제기할지도 모르겠습니다. 물론 그렇습니다. 하지만 하나님께서는 자신의 이름이 우리를 통하여 사람들의 눈에 거룩히 여김을 받고 영광받게 되길 원하십니다. 우리는 우리의 모든 태도와 행동을 통하여 그분을 영화롭게 하도록 기도해야 합니다. 우리는 또한 모든 나라의 사람들이 하나님의 이름을 영화롭게 하도록 기도할 수 있습니다. 또 우리는 찬양을 통하여 그 이름을 영화롭게 할 수 있습니다. 성경 말씀을 기초로 드리는 찬양의 기도는 하나님을 영화롭게 하는 훌륭한 방법입니다.

주님께서 하시는 일은 존귀하고 엄위하며, 주님의 이름은 거룩하고 지존하십니다. 해 뜨는 곳에서부터 해 지는 곳까지 모든 나라 가운데서 주님의 이름이 크십니다. 주님, 주님께서는 땅의 모든 끝과 먼 바다에 있는 자의 의지할 분이십니다. 주님께서는 모든 민족 위에 높으시며, 저들로 주님의 크고 두려운 이름을 찬송하게 하심이 마땅합니다! (시편 111:3,9, 말라기 1:11, 시편 65:5, 99:2-3 참조)

제 속에 있는 모든 것들이 다 주님의 거룩하신 이름을 송축하며 주님께서 베푸신 모든 은택을 기억하길 원합니다. 주님의 이름이 오늘 저의 모든 생각과 말을 통하여, 또 저의 태도와 행동을 통하여 영광받으시기를 원합니다. 주님께 제 자신을 드리오니 주님의 의와 사랑과 평화를 나타내는 도구로 써주십시오. 주님께서 도와주심에 대해 감사를 드립니다(시편 103:1-2 참조).

"(하나님의) 이름이 거룩히 여김을 받으시오며"라고 간구함으로써 기도를 시작하는 것은 매우 합당합니다. 왜냐하면 우리의 전체 기도의 삶은 하나님께 영광을 돌리고자 하는 열망의 뒷받침이 있어야 하기 때문입니다. 할레스비는 이렇게 말합니다.

우리가 기도를 활용하되, 하나님으로부터 우리 자신이나 우리가 사랑하는 사람들의 유익을 억지로 얻어 내거나 어려움 또는 시련을 모면하기 위해서가 아니고, 다만 하나님의 이름을 영화롭게 할 것들이 우리 자신과 다른 사람들에게 이루어지게 하기 위해 기도한다면, 우리는 기도에 관한 가장 강력하고 담

대한 성경의 약속들이 우리의 약하고 초라한 기도의 삶 가운데서도 성취되는 것을 확실히 보게 될 것입니다.

나라이 임하옵시며

두 번째 간구인 "나라이 임하옵시며"는 예수님께서 이 땅을 다스리기 위해 다시 오실 때뿐 아니라 현재에도 매일 하나님의 나라가 발전되도록 하는 것과 관계가 있습니다. 그것은 이 세상과 우리 삶에서 하나님의 통치를 요청하는 것입니다. 우리가 이 왕 되신 분께 순종하지 않는다면, "나라이 임하옵시며"라고 기도하는 것은 한낱 위선에 불과합니다. 우리는 이 기도를 확대시킬 수 있습니다.

아버지, 주님의 나라가 제 마음속에 임하게 된 것과 저를 사탄의 권세로부터 귀한 아들의 나라로 옮겨 주신 것에 대해 감사드립니다. 오늘 제가 주님의 나라의 큰 목적을 이루는 데 진보가 있도록 도와주십시오. 제가 일상적인 일에서 충실하고 만족함으로써, 또 사랑의 봉사와 저의 언어를 통해서, 제 주위 사람들의 삶 속에 주님의 나라가 임하고 그들로 주님을 갈망하게끔 도와주도록 해주십시오. 또한 아들이 다시 임하여 주님의 나라가 온전히 이루어지길 간절히 기다립니다. 주 예수여, 속히 오소서!

앨런 레드패스는 다음과 같이 상기시킵니다.

지금 우리가 사는 이 세상은 마귀에게 넘겨진 것이 아닙니다. 이곳은 여전히 하나님의 가장 위대한 승리의 현장입니다. 창조의 기적으로 시작되었고 텅 빈 무덤의 기적을 목격한 이 땅은 다시 한 번 하나님의 영광을 보며 우리 주 예수 그리스도의 통치를 경험하게 될 것입니다. 바로 이것이 성취되도록 우리는 기도하는 것입니다.

우리는 자신이 사는 곳과 전 세계에서 하나님의 나라를 위해 일하고 있는 사람들을 위해 이 기도를 확장할 수 있습니다.

뜻이 이루어지이다

주기도의 세 번째 간구는 "(하나님의) 뜻이 하늘에서 이루어진 것같이 땅에서도 이루어지이다"입니다. 하나님의 뜻이 하늘에서는 어떻게 이루어집니까? 끊임없이, 전적으로, 그리고 기쁨 가운데 이루어집니다. "(하나님의) 뜻이 이루어지이다"라고 기도함으로써 우리는 하나님과 적극적이고 전적인 협력 관계를 맺게 됩니다. 그 기도는 먼저 "하나님의 뜻이 이 땅의 제가 사는 곳에서는 저에 의하여 이루어지길 원합니다"라는 뜻입니다.

예수님께서는 우리가 자신을 하나님의 목적들에 일치시켜, 우리 삶을 통해 세상에 영향을 미칠 수 있는 기회를 하나님께 드리라고 가르치십니다. 사실 우리는

"하나님께서 저의 속에 행하시기 원하는 것과 저를 통해 행하기 원하시는 것을 행하십시오. 그리고 저의 환경 가운데서 하나님의 뜻대로 하십시오" 하고 기도해야 합니다.

"뜻이 이루어지이다"는 소극적인 기도가 아닙니다. 그것은 자포자기한 상태의 '될 대로 되라' 식의 기도가 아닙니다. 하나님이 누구인지 알고 그분께 굴복한다는 것은 그분의 계획들을 기쁨으로 받아들이는 것을 의미합니다. 때때로 우리는 하나님께 굴복하면 재앙과 무서운 시련이 오는 것이 아닐까 하고 두려워하기도 합니다. 우리는 체념하며 의심에 싸인 채 "하나님의 뜻대로 이루어지이다" 하고 기도하기도 합니다. 그런 때 하나님께서는 축복과 깊은 만족을 주사 우리를 놀라게 하십니다.

하나님의 뜻이 우리 삶에서 이루어지도록 기도할 뿐더러 우리는 하나님 나라 안팎의 다른 사람들, 즉 동료 그리스도인들과 그리스도인 일꾼들 및 그들의 전도

대상자들을 위해서도 이 기도를 해야 합니다. 우리는 또 정부 지도자들을 위해서도 기도하되, 하나님께서 그들에게 지혜와 용기를 주시고 그들로 올바르고 하나님의 나라에 도움이 되는 결정들을 내릴 수 있게 인도하시도록 기도하며, 하나님께서 모든 환경을 다스려 주시도록 간구해야 합니다. 우리는 또한 하나님께서, 복음이 널리 확장될 수 있게 정치, 경제, 사회의 여러 상황을 주장해 주시도록 기도할 수 있습니다. 앨런 레드패스는 다음과 같이 말했습니다.

우리가 조용히 이 기도를 할 때마다 우리는 모든 인간 고통의 근저를 어루만지게 되고, 그 제거를 위해 기도하는 셈이 됩니다.… 성령께 순복하고 하나님의 뜻에 전적으로 굴복하는 그리스도인이야말로 하나님의 나라를 일으키는 세계 혁명의 가장 강력한 요소가 되는 것입니다.

일용할 양식

주기도의 처음 세 간구는 하나님과 하나님의 영원한 관심들에 초점을 맞추고 있습니다. 나중의 네 가지 간구는 우리 인간의 필요와 연관되어 있습니다.

일용할 양식

"오늘날 우리에게 일용할 양식을 주옵시고"(마태복음 6:11). 이것은 우리 육신의 필요들을 위해 하는 기도의 신성한 선례입니다. 하나님께서는 친히 자녀들의 일상적인 필요들에 깊은 관심을 가지고 계십니다. 하워드 한센 박사는 이 점을 이렇게 강조했습니다. "계속적이고 큰 필요 중 하나는 몸의 생명을 보존하고 그 건강과 활력을 유지시키는 것입니다.… 기도는 푸른 하늘 저편에 한정된 어떤 것이 아니라 이 땅 위의 우리 삶에 실제로 영향을 미칠 수 있는 것입니다."

'양식'은 '음식물'을 의미하지만 또한 의복이나 주택같이 우리 삶에 필요한 물질적이고 실제적인 관심사도 여기에 해당됩니다. 하나님께서는 그리스도 안에서 영광 가운데 그 풍성한 대로, 우리가 원하는 것뿐만 아니라 우리가 필요로 하는 모든 것들을 공급해 주실 것을 약속하십니다. 우리는 날마다 우리에게 필요한 것들을 위해 기도해야 하는데, 이것은 우리가 계속 하나님을 의지할 수 있도록 도와줍니다.

이 기도가 하나님의 관심사들—그분의 이름, 그분의 나라, 그분의 뜻—에 중점을 둔 간구들에 뒤이어 나오는 점을 주목하십시오. 하나님의 관심사들을 우선적으로 생각하는 사람들에게 예수님께서는 "그리하면 이 모든 것을 너희에게 더하시리라"(마태복음 6:33)고 약속하십니다.

가난하든지 부요하든지

이 세상의 많은 사람들이 굶주린 채 살아갑니다. 그래서 당장 오늘의 일용할 양식을 위해 기도하여 오늘을 위한 특별한 공급을 받아야 하는 형편에 놓여 있습니다. 궁핍한 가운데 처할 때, 우리는 기도하고 하나님을 의뢰하며, 기도를 통해 물질적 공급을 받는 감격을 맛보는 기회를 갖게 됩니다.

이상하게도, 가난한 사람들뿐 아니라 넉넉한 사람들도 물질적 경제적 안정에 대해 염려를 합니다. 넉넉히 가지고 있을 때 우리는 이렇게 기도할 수 있습니다.

주님, 주님께서 저를 위해 계속적으로 공급해 주시는 것을 알고 있습니다. 저의 식량, 저의 의복, 저의 거처, 이 모든 것이 주님께로부터 온 것입니다. 주님의 공급에 대해 감사드립니다! 저로 하여금 주님을 첫자리에 모실 수 있게 해주시고, 그리하여 재정적 손실이나 경제난을 당할 때조차도 저의 모든 필요들이 늘 채워지리라는 주님의 약속을 믿고 의지할 수 있게 도와주십시오. 저로 후히 드릴 수 있게 해주셔서 물질적으로 영적으로 주님의 풍요를 맛보게 해주십시오(잠언 11:24-25, 19:17, 마태복음 6:31-33, 고린도후서 9:6-11 참조).

재정적 형편이 어떠하든지 우리 아버지 앞에 가지고 나아가야 할 육신적 필요들이 있습니다. 우리는 날마다 건강과 활력을 위해 기도할 수 있습니다. "하나님, 우리에게 필요한 차를 싼 값에 살 수 있게 해주시고 여기서 절약된 돈을 주님을 위해 쓸 수 있게 해주십시오"라고 기도할 수도 있습니다. 실직, 봉급의 삭감, 또는 우리 수입으로는 감당할 수 없는 예기치 못한 의료비 지출이 없도록 기도할 수도 있습니다.

아내 룻이 첫 남편을 잃고 지내던 어느 해 11월, 갑상선 수술 때문에 은행 잔고가 거의 바닥나게 되었습니다. 12월이 되자 그녀와 아이들은 식탁에 둘러앉아 그들의 필요에 대해 기도했습니다. 딸 도린은 하나님께서 전에 여러 가지 필요를 채워 주신 것들에 대해 감사했고, 룻은 몇 가지 간구를 했으며, 아들 브라이언은 하나님께서 응답해 주실 방법에 대해 미리 감사했습니다. 그 달로 하나님께서는 병원비와 그 밖의 모든 필요들을 공급해 주셨고, 거기다가 '크리스마스 특별 선물'에 해당되는 또 다른 것도 주셨는데, 그것은 기도에 대한 또 하나의 응답이었습니다.

낯선 도시와 낯선 나라로 자주 이사를 다니면서 우리는 종종 신명기 1:32-33 말씀을 가지고 집을 위해 기도하곤 했습니다. "너희 하나님 여호와… 그는 너희 앞서 행하시며 장막 칠 곳을 찾으시고… 너희의 행할 길을 지시하신 자니라." 우리는 이사 가기 전에 가능한 한 오래 전부터 기도하기 시작했고, 하나님께서는 종종 놀라운 방법으로 공급해 주셨습니다. 최근에 있었던 우리의 필요는 미국에서 휴가를 보낼 때 거주할 집이었습니다. 한번은 하나님께서 우리가 집을 필요로

했던 꼭 5개월 동안 아이오와 주의 에임즈에서 내부 가구가 완전히 갖춰진 집을 공급해 주신 적이 있는데, 꼭 그 기간 동안 집 주인인 노부부가 추운 중서부 지방을 떠나 플로리다에 가서 겨울을 보내기 때문이었습니다. 그 다음 휴가 때는 처남인 제이크가 자기가 세를 놓고 있는 집에 살게 해주었습니다. 우리가 이사해 들어가야 하는 주간에 뜻하지 않게 그 집에 세 들어 살던 사람이 계약 기간을 어기고 이사를 나갔기 때문에 우리가 이용할 수 있게 되었던 것입니다.

내적 자원

주기도에 나오는 '일용할 양식'은 육신적 필요들을 가리키는 것이지만 영적 또는 감정적 필요에 대해서도 똑같이 기도할 수 있습니다. "내가 곧 생명의 떡(양식)이니"라고 한 예수님의 말씀은 우리의 내적 필요들을 채워 주실 수 있다는 의미입니다(요한복음 6:35 참조). 그리스도 안에서 우리는 풍성한 삶을 사는 데 필요한 모든 자원을 가지고 있습니다. "주님, 오늘 제가 주님을 저의 생명의 양식으로 먹을 수 있게 해주십시오. 저의 주림과 목마름과, 저의 여러 책임과 관계들을 위해 필요한 양식이 되어 주십시오."

끌레르보의 베르나르는 그리스도를 '먹는'(요한복음 6장 참조) 기쁨에 대한 이런 찬송가를 지었습니다.

우리는 주님을 맛보나이다, 오 생명의 산 떡이여.
영원히 주님을 즐기며 잔치하길 간절히 바라나이다.
우리는 주님을 마시나이다, 생명의 샘물이시여.
우리 영혼이 목말라 주님으로 축이길 원하나이다.

일용할 양식을 위해 기도할 때, 우리는 하나님 앞에서 우리를 낮추고 우리 삶에 필요한 세세한 것들에 대해서 하나님을 의지할 수밖에 없다는 것을 시인하게 됩니다. 이렇게 할 때 우리는 물질적 및 영적 필요를 채워주시는 그분의 은혜를 맛보게 됩니다. 하나님께서는 교만한 자를 대적하시되 겸손한 자에게는 풍성한 은혜를 주시는 분이시기 때문입니다(야고보서 4:6 참조).

우리 죄를 사하여 주옵시고

우리의 모든 죄, 즉 과거와 현재와 미래의 모든 죄는 그리스도께서 십자가 위에서 다 해결하셨습니다. 우리가 그리스도를 믿음으로써 그분은 거룩하신 하나님 앞에서 우리 죄를 영원히 도말하셨으며, 결코 그 죄를 다시 우리에게 떠맡기는 일은 없습니다. "얼마나 복되랴. 마음이 간사하지 않고 여호와께서 죄를 묻지 않는 이들은!"(로마서 4:8, 현대어성경). 우리 믿는 이들의 죄는 자백하기까지는 우리 양심에 압박을 주고 우리 아버지와의 친밀한 교제를 방해하지만, 그것이 우리를 죄인의 위치로 되돌아가게 하여 하나님 보시기에 원수 된 자로 만드는 일은 결코 없습니다. 우리는 그 죄에 대한 형벌로부터 완전히 자유롭습니다. 우리는 완전한 용서를 받았기 때문에, 하나님께서는 우리가 용서해 주는 자들이 되길 원하십니다.

우리가 다른 사람을 용서하듯이 우리를 용서하소서

나는 오랫동안 이 기도의 두 부분, 즉 하나님의 용서와 우리의 용서를 어떻게 연관시켜야 할지 몰라 고심했습니다. 하나님께서는 우리가 다른 사람들을 용서해야만 우리를 용서하시는가? 하나님의 용서는 오직 그리스도께서 값을 치른 데 기인하는 것이 아닌가? 이 간구에서 예수님께서 염두에 두신 것은 용서하는 태도입니다. 다른 사람들과의 관계에서 나의 마음은 온유하고 성령의 음성에 귀를 기울이는가, 아니면 용서할 줄 모르고 분을 품으며, 경직되어 있고 위압적인가? 용서하지 않는 태도는 하나님과의 교제를 해치고 기도를 방해합니다.

하나님께 나아가 나의 죄를 용서해 주시길 구하면

서, 막상 나는 다른 사람을 용서하기를 꺼린다면 그 기도는 "하나님, 저의 그 죄는 용서해 주시고, 제가 꼭 붙잡고 있는 쓴 뿌리와 적대감은 그냥 눈감아 주십시오" 하고 말하는 것과 마찬가지입니다. 하나님께서는 이렇게 말씀하십니다. "아니다. 깨끗하게 되도록 진지하게 구할 수 있으려면 너는 먼저 네게 실수를 하거나 죄를 지은 사람을 용서해야 한다." 하나님께서는 결코 용서하기를 꺼리시는 분은 아닙니다. 용서는 항상 그분의 마음으로부터 흘러나오고 있습니다. 하나님께서는 항상 우리와 온전한 교제를 나누기를 간절히 원하십니다. 그러나 내가 입으로는 하나님의 용서를 구하지만, 나의 용서하지 않는 마음이 그분의 용서가 나에게 임하지 못하도록 문을 잠가 버릴지도 모릅니다. 어쩌면 나의 부정적인 태도가 내 눈을 멀게 하여 깨끗케 함을 받아야 할 필요성을 보지 못하게 하고, 결국 나는 용서를 구하기조차 하지 않을지도 모릅니다.

흰개미 떼가 집 한 채를 무너뜨리듯, 용서하는 데 실패하는 것이 나의 영적 건강을 잠식합니다. 마태복음 18장에서 예수님께서는 한 비유로 말씀하셨습니다. 수백만 달러에 해당하는 빚을 탕감받은 어떤 사람이 자기는 겨우 몇 백 달러 정도밖에 안 되는 빚도 탕감해 주기를 거절했습니다. 그 결과, 그의 주인은 노하여 그 빚을 다 갚도록 그를 옥졸들에게 붙였습니다.

이 이야기를 하시고 예수님께서는 말씀하셨습니다. "너희가 각각 중심으로 형제를 용서하지 아니하면 내 천부께서도 너희에게 이와 같이 하시리라"(마태복음 18:35). 얼마나 많은 사람이 누군가를 용서하지 않음으로 인하여 마음과 생각과 때로 육신까지 고통을 당하고 있는지 모릅니다. 금속을 부식시키는 산(酸)처럼 우리를 쇠잔하게 하는 것은 아마도 분노나 증오의 쓰라림일 것입니다. 그것은 어쩌면, 우리가 "네 이웃을 네 몸과 같이 사랑하라"(갈라디아서 5:14 참조)는 하나님의 명령에 순종하지 않기 때문에 오는 자기 정죄의 고통일지도 모릅니다. 또는 내적 갈등과 영적 공허감에서 비롯되는 고통인지도 모릅니다. 하나님의 용서와 사랑을 누리는 유일한 길은 우리에게 죄지은 사람을 마음으로부터 용서하는 것입니다. 하워드 한센 박사의 말은 우리가 용서해야 하는 이유를 이해하는 데 도움을 줍니다.

예수님께서는 우리가 하나님께 받는 용서의 대가가 다른 사람들을 용서하는 것이라고 가르치고 계시지 않습니다.… 또 예수님께서는 하나님의 용서를 얻기 위해 우리가 해야 하는 일은 오직 용서하는 것이며, 다른 사람들을 용서함으로써 우리는 우리를 용서하셔야 하는 의무를 전능하신 하나님께 부과하는 것이라고 가르치고 계시는 것도 아닙니다.… 하나님의 용서는 단지 우리 자신의 용서하는 마음이 메아리가 되어 되돌아오는 것이 아닙니다. 오히려 그 반대입니다. 위대하신 하나님의 용서에 대한 생각이… 우리 자신을 책망하고 우리 마음을 부드럽게 하여 우리가 다른 사람들을 기꺼이 용서할 수 있게 만들어야 합니다.

하나님의 용서

하나님께서 만약 우리가 다른 사람을 용서하는 것과 똑같은 방식과 똑같은 정도로만 우리를 용서하셨다면 어떻게 되겠습니까? 우리는 큰 곤란 가운데 처해 있을 것입니다. 하나님께서는 우리의 모든 생각, 사적인 말, 은밀한 행동 등을 다 아십니다. 만약 우리가 다른 사람들에게 요구하듯 하나님께서 우리에게 요구하신다면 우리는 아무 소망이 없을 것입니다. "주 여호와여, 만약 주님께서 우리 죄를 마음에 두고 계신다면 기도에 대한 응답을 받을 자가 누가 있겠습니까? 그러나 주님께서는 용서하십니다! 이 얼마나 경외할 만한 일인지요!"(시편 130:3-4, Living Bible).

다행히도, 광대한 우주가 우리가 사는 조그만 지구

에 비할 바가 아니듯 하나님의 용서는 우리의 용서에 비할 바가 아닙니다. 하나님께서는 우리가 알고 있는 적극적인 죄와 소극적인 죄뿐 아니라 우리의 숨은 허물들도 용서해 주십니다(시편 19:14 참조). 또한 즉시 용서하시고 영원히 기억지 않으십니다. 하나님께서는 우리의 용서가 자신의 용서처럼 완전하길 기대하시지는 않지만, 우리가 신속히 용서하는 면에서, 또 용서하는 용량에서 자라 가기를 기대하십니다.

나의 용서하지 못하는 마음을 자백하지만 여전히 분노가 내 마음을 떠나지 않으면 어떻게 합니까? 그 최선의 치료책은 예수님께서 십자가 위에서 감당하신 내 죄의 엄청난 무게와 나의 이 엄청난 빚을 다 탕감하고 자신의 가족으로 맞아들이신 하나님의 용서와 자비를 묵상하는 것입니다. 나는 성령께서 이런 진리들을 통해 내 마음을 부드럽게 해주시도록 할 수 있으며, 그렇게 할 때 성령의 능력을 힘입어 "서로 인자하게 하며 불쌍히 여기며 서로 용서하기를 하나님이 그리스도

안에서 너희를 용서하심과 같이 하라"는 에베소서 4:32 말씀에 순종할 수 있게 됩니다. 분노가 아직 완전히는 사라지지 않을 때 나는 성령께 그것을 없애 주시고 그리스도의 사랑으로 대신 채워 주시도록 구할 수 있습니다. 로드 허버트는 이렇게 말했습니다. "다른 사람을 용서하지 못하는 사람은 자신이 건너야 할 다리를 부숴 버리는 것입니다."

태만의 죄

용서를 구하는 것은 실제 저지른 잘못된 행동들을 자백하는 것 그 이상입니다. 우리는 또한 우리의 실수와 태만을 자백해야 합니다. "주님, 저는 아주 나쁜 짓은 한 적이 없습니다"라고 말하는 것만으로는 부족합니다. 우리는 이렇게 여쭈어 보아야 합니다. "제가 과연 마땅히 해야 할 일을 다 했는지요?" 하나님께서는 우리에게 잘못된 행동과 태도를 피할 뿐 아니라 올바른 것은 더욱 발전시켜야 할 책임을 주셨기 때문에,

행동으로 순종하지 않거나 마음으로 반응을 하지 않는 것은 태만에 의한 빚이 됩니다. 빚이란 갚아야 하는데 갚지 않은 것이기 때문입니다.

우리는 하나님께 어떤 빚을 지고 있습니까? 우리는 그분께 온전한 사랑을 드려야 합니다. 우리는 그분께 계속적인 찬양과 감사의 제사를 드릴 빚을 지고 있습니다. 또한 우리 몸을 하나님의 도구로 드려야 하는 빚을 지고 있습니다. 우리 모두는 우리 일생을 그분께 다 드려야 할 빚을 지고 있습니다. 우리가 하나님께 진 빚이 얼마나 엄청난지! 사랑, 친절, 인내, 다른 사람의 유익을 먼저 구하는 것 등, 우리가 다른 사람에게 지고 있는 빚은 또 얼마나 큰 것인지! 그러므로 우리는 "우리 죄를 사하여 주옵소서"라고 기도해야 합니다.

하지 말아야 할 것을 행한 적극적인 죄뿐만 아니라, 행해야 할 것을 행하지 못한 죄, 즉 나태에 의한 소극적인 죄도 인식함으로써 우리 자신은 겸손해져야 합니다. 놀랍기만 한 하나님의 아낌없는 용서에 대해 감격하여 우리는 감사의 마음을 나타내야만 합니다. "주는 선하사 사유하기를 즐기시며 주께 부르짖는 자에게 인자함이 후하심이니이다"(시편 86:5).

우리가 하나님께 죄의 용서를 구할 때 다음 기도에 나타난 것과 같은 마음의 태도를 가져야 합니다.

주님, 저는 청결한 양심을 가지며 주님과 다른 사람들과 올바른 관계를 유지하고 싶습니다. 제 자신의 낡은 틀을 벗어 버리며 진흙투성이의 우회하는 길을 빠져나와 주님과 친밀히 교제하며 "거룩한 대로(大路)"(이사야 35:8)를 걷고 싶습니다.

우리를 구하옵소서

우리를 시험에 들게 하지 마옵시고

신약성경에 나오는 시험이라는 말은 죄의 유혹을 뜻할 수도 있고 시련(어려움이나 문젯거리)을 의미할 수도 있습니다. 하나님께서는 우리의 성장을 위해 시련은 허락하시지만, 죄를 짓도록 유혹하시는 일은 결코 없습니다. 죄로 유혹하는 것은 사탄, 세상, 그리고 우리의 악한 성품입니다.

하나님께서는 우리를 죄로 유혹하시지는 않지만, 우리를 위험과 역경으로부터 격리시켜 두지도 않으십니다. 하나님께서 우리 삶 가운데 허락하시는 모든 시련에는 죄의 유혹이 수반됩니다. 즉, 우리 자신의 해결책을 고집하려고 하거나, 단순히 하나님을 의뢰하지 않으려 하는 것과 같은 유혹이 오는 것입니다. 하나님과 사탄은 모두 우리의 시련을 통해 추구하는 목적이 있습니다. J. 오스왈드 샌더스는 그 각각의 목적이 무엇인지 설명하고 있습니다.

하나님께서 그 자녀들에게 시험을 허락하시는 것은 금을 정련하듯이 그들을 연단하심으로써 그들 속에서 찌끼를 제하여 더욱 거룩한 성품을 빚어내고자 하심입니다. 그러나 마귀는 그들을 죄에 빠뜨리기 위하여 유혹합니다.

하나님께서는 우리를 강하게 하고 변화시키기 원하십니다. 사탄은 우리가 하나님을 거스르고 불신과 실망과 불순종에 빠지도록 이끌기 원합니다. 사탄은 우리의 영적 형통까지도 교만과 자만에 빠뜨리는 데 이용하려 합니다.

이 여섯 번째 기도 제목은 마태복음 26:41의 예수님의 말씀과 유사합니다. "시험에 들지 않게 깨어 있어 기도하라. 마음에는 원이로되 육신이 약하도다." 우리는 시험이 없는 삶을 위해 기도할 것이 아니라 죄의 유혹으로부터 보호해 주시고 구해 주시도록 기도해야 합니다. 그러므로 우리는 이런 식으로 이 간구를 할 수 있습니다. "하나님, 저를 인도해 주십시오. 저로 하여금 죄의 유혹으로부터 벗어나며, 그릇된 행동이든 제 편에서 마땅히 해야 할 올바른 일을 하지 않는 것이든 간에 죄에 이르는 길로 들어가지 않게 해주십시오."

하나님께서는 우리 힘으로 감당치 못할 시험이나 유혹을 결코 허락하지 않으시며 항상 피할 길을 마련해 주신다고 약속하십니다(고린도전서 10:13 참조). 그러므로 우리는 감사하는 마음으로 이렇게 기도할 수 있습니다. "하나님께서는 절대주권자이시요, 보이지 않는 중에 저의 모든 상황을 주장하시는 분으로서, 제가 당하는 시험에 한계를 정하시고 유혹을 피하기 위한 길을 예비해 주시는 데 대해 감사를 드립니다." 그 다음에는, 시험이나 유혹을 받을 때 우리는 하나님께서 마련해 주시는 안전 출구를 찾고 그것을 이용해야 합니다.

하나님께서는 우리에게 청년의 정욕을 피하고 힘써 우리를 지키며, 우리를 곁길로 이끄는 관계를 피하라고 명하십니다. "속지 말라. 악한 동무들은 선한 행실을 더럽히나니"(고린도전서 15:33). 우리는 주님께로부터 얼마나 멀리 떨어져도 안전한지를 알아보지 말고, 얼마나 주님께 가까이 갈 수 있는지를 알아보아야 합니다. 그러므로 유혹에 빠지지 않도록 다음과 같이 간구함으로 우리는 죄악을 피하고자 하는 마음을 더욱 확실히 해야 합니다. 폭포 가까운 곳에서 수영하기를 원치 않듯이 유혹에 가까이 가기를 원치 않는다고 하나님께 말씀드리십시오. 결국 죄에 이르는 어떠한 출발도 하지 않게 인도해 주시길 구하십시오. 우리와 마찬가지로 유혹을 받았지만 결코 죄에 굴복하진 않으신 예수님을 더욱 닮아 가게 도와주시도록 간구하십시오. 예수님께서는 항상 승리의 삶을 사셨고 우리가 그러한 삶을 살기를 원하십니다.

다만 악에서 구하옵소서

이 마지막 간구는 바로 앞의 간구와 관련이 있지만 더 많은 의미를 내포하고 있는데, 악에서, 그리고 악의 근원인 사탄에게서 구해 주시도록 기도하는 것입니다. 사탄은 하나님의 자녀들을 유혹하는 일 그 이상을 합니다. 사탄이라는 이름은 '대적자' 또는 '반대자'라는 뜻입니다. 삼위일체 하나님의 철저한 대적인 사탄은 자기 권세로부터 하나님의 나라로 옮겨진 우리 각 사람의 흉악한 적입니다. 우리는 사탄의 공격으로부터 건져 주시도록 하나님께 기도해야 합니다.

본래부터 사탄은 악한 자요 초자연적 반역자이며 거짓말쟁이에다 살인자입니다. 사탄의 힘은 막강하고, 술수는 교묘합니다. 사탄은 우리를 꾀어 죄, 극단적인 생각, 거짓 교리, 신비주의 등에 빠뜨리려고 합니다. 또한 그리스도를 섬기지 못하도록 방해하려고 합니다. 그는 우리를 비난하고 정죄하며, "재판장이신 하나님께서 친히 우리를 죄 없다고 판결하셨다"(로마서 8:33, 필립스 역)는 사실을 인식하지 못하게 하려고 합니다. 사탄은 주 예수 그리스도를 헐뜯는 데에 몰두하고 있는데, 흔히 우리를 공격함으로써 그리스도를 공격합니다.

사탄은 우리 홀로 대항하기에는 너무 강하지만, 말씀과 기도로 물리칠 수 있습니다. 대적할 자 없는 우리 아버지께 사탄으로부터 구해 주시도록 간구해야 합니다. '(하나님의) 뜻이 이루어지게' 하는 데 우리 마음이 드려져 있다면 하나님께서는 틀림없이 구해 주실 것입니다.

사도 베드로는 이렇게 권면합니다. "근신하라. 깨어라. 너희 대적 마귀가 우는 사자같이 두루 다니며 삼킬 자를 찾나니, 너희는 믿음을 굳게 하여 저를 대적하라"

(베드로전서 5:8-9). 사탄에 대하여 경계를 게을리 해서는 안 됩니다. 감히 사탄의 악한 길과 가르침에 빠지거나 경험해 보려는 생각은 하지 말아야 합니다.

방어 기도

주기도의 처음 세 간구는 하나님의 이름, 하나님의 나라, 하나님의 뜻 등 하나님과 관계 된 것들입니다. 네 번째와 다섯 번째 간구는 우리에게 매일 필요한 양식과 용서를 구하는 것입니다. 마지막 두 가지는 죄와 사탄에 대항하기 위해 기도하는 것입니다. 이처럼 일곱 가지 기도 내용 중 두 가지는 방어적인 기도입니다. 방어 기도를 하는 것은 중요합니다.

당신은 얼마나 자주 방어 기도를 합니까? 나는 로버트 멍어 박사를 통하여 처음으로 방어 기도에 관심을 기울이게 되었는데, 그의 모범과 기도와 사역은 나의 삶에 크게 도움이 되었습니다. 그동안 삶을 통해 나는 일어나지 말았으면 하는 일들, 곧 하나님의 영광을 흐

리게 하고 나의 영적인 삶을 해치는 일들에 대해 기도하는 것이 하나의 안전장치가 되는 것을 알았습니다.

당신이 사탄의 입장에 있다면, 당신에 대해 어떤 계략을 꾸미겠습니까? 당신의 약점은 어디에 있습니까? 어디에 공격 목표를 두겠습니까? 사탄이 당신을 어떻게 유혹할지에 대해 생각해 볼 때 머리에 스치는 것은 어떤 영역입니까? 정욕이나 교만입니까? 자기 연민입니까? 기도하지 않는 것이나 잘난 체하는 태도는 아닙니까? 지나치게 사람을 의지하는 것입니까? 도가 지나칠 정도로 절제하지 못하는 것입니까? 하나님이나 다른 사람에게 쓴 뿌리를 가지고 있는 것입니까? 부정직이나 영적 냉담은 아닙니까? 이것들은 영적으로 어린 그리스도인이나 성숙한 그리스도인이나 모두 대항해 싸워야 할 육체의 일들입니다.

빌리 그래함은 적어도 세 가지 것들을 경계하여 기도하는데, 즉 이성과의 온전치 못한 관계, 돈을 사랑하는 것, 교만에 대해서입니다. 특히 마지막 것에 대해서는 "나는 내 영광을 다른 자에게… 주지 아니하리라"고 한 이사야 42:8 말씀을 그는 자주 인용합니다.

도슨 트로트맨은 이 세 가지뿐 아니라 네 번째로 '비판적인 마음과 혀'로부터 자기를 지켜 주시도록 하나님께 기도했습니다.

때로 나는 잘못된 교리와 영적 냉담 때문에 곁길로 빠지지 않도록 기도하기도 합니다. 나의 방어 기도 제목은 다음과 같습니다. 정욕, 탐욕, 교만, 비판적인 마음과 혀, 잘못된 교리, 영적 냉담 등입니다.

아내 룻은 방어 기도 시에 이것들 중 여러 가지에 대해 기도하며, 또한 염려, 독립적 기질, 인정받지 못할 것에 대한 두려움 등에 대해서도 기도합니다.

사탄이 당신을 유혹할 수 있는 주된 영역을 적고, 이런 유혹들에 대비하여 정기적으로 기도하십시오. 당신의 기도 제목을 적는 데 힘을 너무 소진할 필요는 없습니다. 간단히 기록하도록 하고, 그것을 사용하는 것이 중요합니다. 당신이나 내가 우리 약점들을 파악할 수 있다면 사탄도 역시 파악할 수 있습니다. 사탄은 적어도 우리만큼은 영리합니다. 그러므로 우리는 방어 기도를 해야 합니다.

잠시 멈추어 앞에 언급된 것들 중 한 가지에 대해 이렇게 기도하십시오. "하나님, 제가 이것의 유혹을 받지 않도록 지켜 주십시오. 사탄의 공격을 물리쳐 주십시오. 사탄과 그의 달콤한 유혹을 대항할 수 있도록 힘을 주십시오. 사탄의 길과 사탄이 주는 가짜 즐거움이 아니라 주님의 길과 주님께서 주시는 참된 즐거움들을 제가 택할 수 있게 도와주십시오."

나라와 권세와 영광이

마무리 찬양

"나라와 권세와 영광이 아버지께 영원히 있사옵니다. 아멘." 이 마지막 문장은 한없이 의미심장한 이 기도의 절정을 이루고 있습니다. 이 장엄한 대단원과 내용을 같이하는 다른 성경 말씀들 가운데 하나가 역대상 29:11-13입니다.

여호와여, 광대하심과 권능과 영광과
이김과 위엄이 다 주께 속하였사오니,
천지에 있는 것이 다 주의 것이로소이다.
여호와여, 주권도 주께 속하였사오니,

주는 높으사 만유의 머리심이니이다.
부와 귀가 주께로 말미암고,
또 주는 만유의 주재가 되사…
우리 하나님이여, 이제 우리가 주께 감사하오며,
주의 영화로운 이름을 찬양하나이다.

이렇게 하나님의 위대하심을 확증함으로써 우리 기도 시간을 끝내는 것은 얼마나 즐거운 일인지 모릅니다.

나라가 하나님의 것입니다. 하나님께서는 만왕의 왕이십니다. 그분은 지금 끝없는 영적인 나라를 다스리고 계시며 세상의 어떤 통치자보다 지극히 뛰어난 위치에 계십니다. 하나님께서 온 세상을 우리 눈으로 볼 수 있게 다스리실 날이 올 것입니다. 이런 점에 대해 하나님을 찬양하면 우리는 자신이 그분의 충성스런 백성인 것을 고백하는 셈이 됩니다.

권세가 하나님의 것입니다. 온 우주와 지상에서 모

든 권세가 그분의 것입니다. 하나님께서는 은하계를 창조하셨고 다스리고 계시며, 그분의 때가 되면 그것의 종말을 가져오실 것입니다. 하나님께서는 또한 영적 세계를 다스리고 계시며, 우리 삶이나 처한 모든 상황에서 그분이 다스리지 못하는 것은 없습니다. 하나님께는 어렵거나 불가능한 것이 없습니다(누가복음 1:37 참조). 이를 인하여 우리는 그분께 감사드립니다.

영광이 하나님의 것입니다. 주님은 찬란히 빛나는 위엄으로 영원 전부터 계신 분이시며, 우리를 구원하기 위해 세상에 오셨고, 심판하기 위해 다시 오실 전능하신 하나님이십니다. 우리는 언젠가 우리도 함께 누릴 영광의 주님이 되시는 그분을 예배해야 합니다. 다니엘은 환상 가운데 그 영광을 보고 그것을 이렇게 기록했습니다. "왕좌가 놓이고 옛적부터 항상 계신 이가 좌정하셨는데, 그 옷은 희기가 눈 같고, 그 머리털은 깨끗한 양의 털 같고, 그 보좌는 불꽃이요, 그 바퀴는 붙는 불이며, 불이 강처럼 흘러 그 앞에서 나오며, 그에게 수종하는 자는 천천이요, 그 앞에 시위한 자는 만만이며"(다니엘 7:9-10).

기도에서의 간결성

이 위대한 기도에서 배울 것이 아직 더 남아 있습니다. 이 일곱 가지의 짧고 구체적인 간구를 얼마나 빨리 할 수 있는지 압니까? 시간을 재보면 이 기도문 전체를 인용하는 데, 생각하면서 한다 해도 20초 정도밖에는 걸리지 않습니다.

아마도 그리스도께서는 사역 중에 여러 번 이 기도를 가르쳐 주셨겠지만, 처음으로 가르쳐 주실 때 제자들은 무척 놀랐을 것이 틀림없습니다. 예수님께 기도하는 법을 가르쳐 달라고 요청할 때 제자들은 아마도 광범위한 교훈을 기대했을 것입니다. 그러나 그 가르침은 간단했습니다. 요즈음 사람들 같으면 그 가르침을 기록하기 위해 펜과 노트를 미처 꺼내기도 전에 그리스도께서는 그 가르침을 끝내셨을 것입니다. 그럼에도 제자들은 틀림없이 우리와 마찬가지로 그 기도의 의미심장함에 대해 깊은 인상을 받았을 것입니다. 그러나 그 간결성 또한 우리의 주의를 끕니다. 20초 만에 일곱 가지 간구를 하기 때문입니다. 그런 정도라면 우리는 1분에 스물한 가지의 간구를 할 수 있을 것입니다. 우리는 짧은 시간에 많은 것을 하나님께 말씀드릴 수 있습니다.

"아, 하지만 하나님께서는 우리가 그렇게 기도하는 것을 원치 않으십니다. 그런 식으로 기도할 수는 없어요"라고 말하는 사람도 있을 것입니다. 하나님께서는 당신의 경우는 그처럼 간단한 방식의 간구를 하도록 인도하지 않으실지도 모릅니다. 하지만 많은 사람의 경우에는 그렇게 할 자유를 주십니다. 긴 기도뿐만 아니라 짧은 기도도 하나님께서 받아 주시며 두 가지가 다 성서적이라는 사실을 깨닫게 될 때 자유로움을 느낍니다. 하지만 어느 한쪽이 항상 최선의 방법이 될 수는 없습니다. 우리는 하나님의 존전에 나아갈 때마다 성령께서 우리 기도를 인도해 주시도록 해야 합니다. 그러나 짧은 기도도 주 예수님께서 친히 가르치고 실천하여 보이신 합당한 방법이라는 사실을 잊지 마십시오.

다른 사람을 위한 간단한 기도를 할 때, 나는 종종 짧은 성경 구절이나 성서적인 내용으로 간구를 시작하고 성령께서 인도하시는 대로 그것을 좀 더 상세히 풀어 나가곤 합니다. 나는 이런 식으로 기도해 왔습니다. "주님, 리치와 헬렌에게 서로를 향한 깊은 사랑을 주십시오." "주님, 딕과 조우가 주님의 얼굴을 구하고, 주님의 아름다움을 바라보며, 주님의 기쁨을 누리며, 유용한 그리스도인이 되게 도와주십시오." 때로 나는 좀 더 자세한 내용으로 기도를 시작합니다. "주님, 브라이언이 주님의 말씀과 기도의 삶에서 깊어지고, 유혹을 피하며, 성령의 다스림을 받아 주님의 일을 효과적으로 하도록 도와주십시오." 혹은 더 짧게 "아버지,

브라이언이 깊어지고, 피하며, 쓰임받으며, 건강하도록 도와주십시오"라고 말씀드리는 기도도 하나님께서는 이해하십니다. 나는 내 기도 목록에 있는 여러 제목들을 위해 기도하고자 할 때 이런 것들을 시발점으로 하여 기도를 시작하고, 그 다음에 하나님께서 마음 속에 떠오르게 해주시는 다른 것들을 구합니다.

도슨 트로트맨은 햄버거 주문하는 것을 예로 들어 그 점을 설명하곤 했습니다. 우리는 이렇게 말할 필요가 없습니다. "햄버거 속에 넣을 다진 고기를 조금 취하여, 양쪽을 골고루 굽고, 그것을 쪼갠 빵 위에 올려놓은 다음, 양파와 케첩, 겨자, 피클 및 약간의 상추를 올려놓고 다시 빵 반 조각으로 덮어 포장한 뒤에 제게로 갖다 주십시오." 우리는 그냥 "햄버거 하나 주세요"라고만 이야기하면 됩니다.

주기도의 간구들은 길이가 짧을 뿐더러 내용도 간결합니다. 앨런 레드패스는 주기도의 간결함에 대해 이렇게 강조했습니다. "그것은 실로 너무도 단순하여 어린아이도 이해할 수 있지만, 한편 너무나 심오하여 그 깊이를 헤아릴 수 없습니다.… 아마도 우리 가운데 많은 사람들의 문제는 기도 생활에서 어린아이가 되지 않고 기도를 너무 복잡하게 만드는 데 있는 것 같습니다."

말로써 기도해야 한다

주기도에서 한 가지 두드러지는 진리는 예수님께서 친히 요한복음 17장에서 하셨던 위대한 기도에서처럼 말로 기도하도록 제자들에게 가르치셨다는 점입니다. 자끄 엘뢸은 '매우 열렬할지는 모르지만 내용이 없고 … 막막한 침묵에 빠져든, 뭐라 말하기 쉽지 않고 의사소통이 불가능한 상태에 몰입되어 있는, 구체적인 언어로 표현되지 않은' 기도에 대해 경고합니다. 하나님께서는 대개 말로써 우리에게 자신의 뜻을 소통하시며, 또한 말로써 우리 생각을 그분께 나타내기를 원하십니다. 적어도 마음속으로나마, 우리 기도를 정리해서 아뢰지 않는다면, 우리의 생각은 방황하게 되고 실제적인 기도는 거의 하지 못하게 됩니다.

주님께서는 성경의 여러 기도 중에서 가장 잘 알려지고 널리 쓰이는 이 기도 속에 얼마나 의미심장하고 실질적인 개념들을 담아 주셨는지 모릅니다. 그것은 견줄 만한 것이 없는 본입니다. 우리는 그 간구들을 사용하여 우리의 예배하는 삶을 북돋을 수 있으며, 자신과 다른 사람들의 삶 및 세상에서의 하나님의 목적들에 대해 구체적으로 기도하는 데에 이것들을 활용할 수 있습니다.

이제 잠깐 시간을 내어 이 주기도를 따라 기도하되, 당신 자신의 생각과 구체적인 필요들에 따라 각각의 간구들을 늘려서 기도해 보십시오.

묵상과 적용

1. '하나님의 이름, 하나님의 나라, 하나님의 뜻'을 다룬 장의 소제목별로 당신에게 감명 깊은 내용을 간단히 요약해 보십시오.

   '하늘에 계신 우리 아버지여'

   '이름이 거룩히 여김을 받으시오며'

   '나라이 임하옵시며'

   '뜻이 이루어지이다'

이 내용을 토대로 별도의 용지에 당신 자신의 찬양과 감사와 간구의 기도문을 작성해 보십시오.

2. '일용할 양식'을 다룬 장을 기도하는 마음으로 복습하고, 당신이 기도하기 원하는 영적 필요와 육신적 필요를 각각 두세 가지씩 적어 보십시오.
영적 필요:

육신적 필요:

이 필요들을 위해 언제 기도하겠습니까?

3. 누군가를 용서하기 어려울 때, 용서하기 위한 마음을 갖기 위해 본서에서 보여 주는 방법은 무엇입니까?

그 밖에 또 어떤 방법이 있을 수 있겠습니까?

4. 당신의 약점을 당신이 안다면 사탄 역시 알고 있습니다. 사탄이 당신을 유혹할 영역을 생각해 볼 때 어떤 것들이 머리에 떠오릅니까?

이런 유혹들에 대비하여 어떻게 방어 기도를 하겠습니까?

각 영역에서 승리하기 위해 주장할 수 있는 말씀은 무엇입니까?

5. 본문에서 하나님의 나라, 권세, 영광에 대해 찬양할 수 있는 내용을 찾아 기록해 보십시오.

하나님의 나라와 권세와 영광에 대해 당신은 그 밖에 어떤 내용으로 찬양할 수 있겠습니까?

＊ 네비게이토 소책자 시리즈 ＊

1. 성경암송을 통하여 주님께로 돌아오다 …………… 도슨 트로트맨
2. 시대의 요청 ………………………………………… 도슨 트로트맨
3. 재생산을 위한 출생 ………………………………… 도슨 트로트맨
4. 수레바퀴 예화 …………………………………………… 네비게이토
5. 일대일 사역 ……………………………………………… 잭 그리핀

6. 제자의 특징 ………………………………………………… 론 쩨니
7. 하나님의 뜻을 아는 법 …………………………………… 러쓰 존스톤
8. 기도의 하루를 보내는 방법 ……………………………… 론 쩨니
9. 기도 응답을 받는 방법 ………………………………… 제리 브릿지즈
10. 경건한 여인 …………………………………………… 라일라 스팍스

11. 전도를 즐기는 삶 (영문판: A Life That Enjoys Evangelism) …… 하진승
12. 섬김을 위한 부르심 …………………………………………… 레이 호
13. 정 직 ……………………………………………………… 헬렌 애쉬커
14. 그리스도를 닮아감 …………………………………………… 짐 화이트
15. 최후의 승리를 얻기까지 …………………………………… 월터 헨릭슨

16. 전도의 열정 …………………………………………… 로버트 콜만
17. 영적인 의지력 ………………………………………… 제리 브릿지즈
18. 사고방식의 변화 ………………………………………… 조지 산체스
19. 대인 관계의 성서적 지침 ……………………………… 조지 산체스
20. 말씀의 손 예화 ………………………………………………… 네비게이토

21. 열 심 (영문판: ZEAL) ………………………………………… 하진승
22. 원만한 결혼 생활 ……………………………………… 잭 & 캐롤 메이홀
23. 조지 뮐러 ……………………………………………………… A. 심즈
24. 말씀 중심의 삶 …………………………………………………… 하진승
25. 주제별 성경 암송 제1권 …………………………………… 네비게이토

26. 주제별 성경 암송 제2권 …………………………………… 네비게이토
27. 주제별 성경 암송 제3권 …………………………………… 네비게이토
28. 서로 돌아보아 …………………………………………………… 하진승
29. 양 육 …………………………………………………………… 네비게이토
30. 경건이란 무엇인가 …………………………………… 제리 브릿지즈

31. 권위와 복종 ………………………………………………… 론 쩨니
32. 고난 중 도우시는 하나님 ……………………………… 샌디 에드먼슨
33. 기도의 특권을 누리자 ………………………………………… 하진승
34. 은혜로운 말 …………………………………………… 캐롤 메이홀
35. 하나님을 의뢰함 ……………………………………… 제리 브릿지즈

36. 친밀한 부부 관계의 원리 ………………………… 짐 & 제리 화이트
37. 배우는 자로 살자 (영문판: Live as a Learner) …………… 하진승
38. 합력하여 선을 이루시는 하나님 ……………………… 리처드 크랜즈
39. 고난 중의 소망 ………………………………………………… 덕 스팍스
40. 청년의 시기를 어떻게 보낼 것인가 (영문판: How to Live Out Our Youth) … 하진승

✳ 네비게이토 소책자 시리즈 ✳

41. 약속을 주장하는 삶 …………………………………… 덕 스팍스
42. 경건의 시간을 갖는 법 ……………………… 워렌 & 룻 마이어즈
43. 개인의 중요성 ………………………………………………… 론 쎄니
44. 헌 신 ……………………………………………………… 로버트 보드만
45. 내가 배운 교훈들 …………………………………… 오스왈드 샌더스

46. 하나님의 말씀은 ……………………………………………… 하진승
47. 현숙한 여인 ………………………………………………… 신시아 힐드
48. 어떻게 친구를 사귈 것인가 ……………………… 제리 & 메리 화이트
49. 외로움을 느낄 때 ………………………………… 엘리자베스 엘리엇
50. 하나님께서는 당신의 직업을 귀히 여기신다 ……… 셔먼 & 헨드릭스

51. 자녀의 자부심을 키워 주는 법 ……………… 게리 스몰리 & 존 트렌트
52. 직장 생활에서 낙심될 때 …………………………………… 덕 셔먼
53. 스트레스를 다루는 법 ………………………………………… 단 워릭
54. 서로 의견이 엇갈릴 때 ……………………………… 잭 & 캐롤 메이홀
55. 그리스도인의 삶의 올바른 동기 ………………………………… 하진승

56. 나를 기뻐하시며 사랑하시는 하나님 ……………………… 룻 마이어즈
57. 제자삼는 삶의 동기력 ……………………………………… 짐 화이트
58. 기도 - 보이지 않는 적과의 싸움 ……………………… 제리 브릿지즈
59. 효과적인 간증 ……………………………………………… 데이브 도슨
60. 감격하며 살아야 할 그리스도인 ……………………………… 하진승

61. 믿음의 경주 …………………………………………………… 잭슨 양
62. 사도 바울의 영적 지도력 …………………………… 오스왈드 샌더스
63. CARE (서로 보살피는 부부) ………………………………… 하진승
64. 참 특이한 기도 (PPP: Pretty Peculiar Prayers) …………… 하진승
65. 모세의 순종 …………………………………………………… 왕킴톡

66. 상급으로 주신 자녀 …………………………………………… 하진승
67. 하나님께서 쓰시는 사람 …………………………… 월터 헨릭슨
68. 기도의 본 ……………………………………… 워렌 & 룻 마이어즈
69. 다윗의 한 가지 소원 ………………………………………… 조이스 터너
70. 생명을 구하는 삶 ………………………………… 피터슨 & 드렐켈드

71. 순종의 축복 ………………………………………………… 마르다 대처
72. 참 좋으신 하나님 아버지 …………………………………… 리로이 아임스
73. 하늘에 보물을 쌓는 삶 ……………………………………… 잭 메이홀
74. 거룩: 하나님께 성별된 삶 ………………………………… 헬렌 애쉬커
75. 가정의 중요성 (영문판: Importance of Home & Family) …… 하진승

76. 날마다 제 십자가를 지고 (영문판: Taking Up the Cross Daily) …… 하진승
77. 제자의 올바른 태도 …………………………………………… 론 쎄니
78. 주님의 부르심을 따라가는 삶 ………………………………… 하진승
79. 견고하게 평생 지속해야 할 일 ……………………………… 하진승

기도의 본

2013년 12월 20일 초판 1쇄 발행
2025년 4월 3일 초판 2쇄 발행

펴낸곳: 네비게이토 출판사 ©
주소: 03784 서울시 서대문구 연희로 16 (창천동)
전화: 334-3305(대표), 334-3037(주문), FAX: 334-3119
홈페이지: http://navpress.co.kr
출판등록: 1973년 3월 12일 제10-111호
ISBN 978-89-375-0485-3 02230

본 출판사의 서면 허락 없이는 본서의 전부 또는
일부의 무단 복제, 또는 원문에 대한 무단 번역을 금합니다.